Los tres amigos

Jennifer Degenhardt

ISBN: 0999347934
ISBN-13: 978-0999347935 (Puentes)

For Julio, whose very spirit inspired me to write this story.

ÍNDICE

AGRADECIMIENTOS

Thank you, again, to José Salazar for not only editing and fixing the language as only a native speaker can do, but also for his support of my writing. As with any language student, there are errors that arise. I'm grateful for his help. Always.

Thank you to Stephanie Mancini who was so wonderful to read for content and continuity, a task challenging for any author.

Thank you to Sofía Salazar, for providing the cover artwork. Though not my student, she is a student, thus continuing the student-generated cover art on my books. When I solicited her ideas for cover art for this story, I was so pleased – on so many levels – to hear from her 9 year-old self, "The cover needs the rainbow triangle."

Capítulo 1
Marissa

Me siento en el escritorio en mi cuarto escuchando la música y haciendo un poco de tarea que tengo. De costumbre me pongo los audífonos. Hago las matemáticas, pero no puedo concentrarme bien y cada dos minutos busco canción nueva. Me cuesta concentrarme porque estoy tan emocionada para esta noche. Jack y yo vamos a un concierto a un teatro cerca del centro. Es un concierto especial para muchas bandas locales. El concierto se llama «Batalla de las Bandas IV», o sea, es una competencia entre muchas bandas: bandas de adolescentes y bandas de adultos también. Jack y yo vamos esta noche para escuchar especialmente a la banda que se llama Tribu porque Julio y otros amigos del colegio tocan en la banda. Julio toca la guitarra y canta la mayoría de las canciones. La banda es fenomenal. Es tan excelente que tienen un *gig* regular en un restaurante en Brandonville cada fin de semana. No tan mal para un grupo de muchachos que solo empezaron a tocar juntos hace dos años.

Trato de mover mi lápiz para escribir, pero estoy distraída. Empiezo a cambiar la canción otra vez cuando recibo un mensaje Snapchat de Jack:

estoy a tu casa. lista?

Justo a la vez, oigo a mi madre quien me grita —Marissa, Jack está aquí para recogerte.

—Ya voy, mami —le digo.

Por la ventana veo a Jack en su carro. Se ve muy guapo sentado en el Jeep con su pelo castaño y cuerpo delgado, pero musculoso. Lo conozco por muchos años, desde el quinto grado cuando su familia se mudó a nuestro pueblo. Desde el día que llegó a la clase con el Sr. Mullin, Jack y yo no nos separamos. Nosotros hacemos todo juntos. Tomamos las mismas clases, nadamos en el mismo equipo de natación y asistimos a todos los conciertos posibles porque nos encanta la música - todo tipo de música. Tengo una relación excelente con Jack. Hablamos siempre y nos llevamos muy bien. No peleamos y nunca hay problemas entre nosotros.

Pero, fue una vez que tuvimos un problema. Estábamos en el octavo grado en la escuela intermedia...

—Marissa, necesito hablar contigo —Jack me dijo un día. Siempre contento, pero ese día estaba serio. Jack estaba nervioso.

—Ok. ¿Hablamos esta noche?

—No —Jack contestó. —Quiero decírtelo ahora.

—Ummm. Ok. ¿Qué pasa, Jack? Me preocupo —le dije.

—Marissa, necesito decirte algo muy importante. Pero no quiero que pienses mal de mí.

—Jack, te conozco mejor que cualquier otra persona en el mundo. ¿Qué me puedes decir que voy a pensar diferente de ti?

—Marissa, soy homosexual.

Casi no pude responder. —¿Qué? —le pregunté.

—Sí, Marissa. Es la verdad. Me gustan los muchachos.

Pasaron unos momentos muy largos antes de que Jack me preguntara —¿Estás enojada?

—Err. Ah, no, Jack. Claro que no. Solo estoy sorprendida. No tenía idea.

*****

Otra vez mis pensamientos están en el presente. Casi corro al carro donde me espera Jack. Por unos días después de su declaración ese día en octavo grado, no hablamos mucho. No hubo problema que mi mejor amigo era gay, pero estaba enojada; estaba enojada que no me contó antes. ¡Soy su mejor amiga! ¡Ja ja! ¡No hubo secretos entre nosotros! La verdad es que nada cambió con nuestra amistad. Todavía Jack es mi mejor amigo.

Bajo las escaleras y me despido de mis padres quienes están en la sala mirando un programa de Netflix.

—Chao mami y papi. Nos vemos después del concierto.

—Está bien, Rissy —dice mi padre con el apodo que usa conmigo. —Recuerda que necesitas estar en casa a las 11:30.

—Lo sé, papi. Es la misma hora cada noche —le digo.

—Diviértanse —dice mi mamá.

Llego al carro de Jack y subo.

—Hola Jack. ¿Qué tal?

—Hola *ma cherie*. ¿Estás lista para el concierto? ¿Quieres ver a tu novio guapo tocar con su banda?

Jack siempre me habla en francés porque además de estar en la clase de español con Julio, él toma la clase de francés también.

Jack continúa —*Cherie*, necesitamos entrar en el auditorio rápido para encontrar buenos asientos. Quiero sentarme cerca de las bandas. Sabes que me gusta ver a los chicos guapos.

—Está bien, Jack. Y favor de no llamarme *cherie* en el concierto. ¡No me gusta!

—Ja, ja, Marissa. Está bien. ¿Qué tipo de música tocan las otras bandas, me pregunto?

—No sé, Jack. Pero la banda de Julio ha practicado toda la semana para esta competencia. Espero que ellos ganen.

—Yo también. Julio y yo hablamos de esta competencia todo el tiempo en la clase de español. Es muy importante para él. Quiere ganar porque quiere el premio: dos horas gratuitas en un estudio de grabación.

Aunque Julio es mi novio, Jack y Julio ya son buenos amigos. Nosotros tres pasamos mucho tiempo juntos. Claro que Jack y yo éramos amigos, pero cuando conocí a Julio y se lo presenté a Jack, y ahora los tres somos amigos.

Conocí a Julio al principio del año escolar en septiembre en la clase de literatura. Julio era nuevo en el colegio. Su familia compró una casa nueva en la parte oeste de la ciudad. Cuando entró en la clase, me sorprendí. Tenía unos pantalones cortos blancos y una camisa rosada con mangas largas. También llevaba zapatos Vans – mis zapatos favoritos. Con su pelo negro, largo pero no tan largo, ojos cafés y dientes súper blancos, pues, estaba muy contenta de verlo. Julio es un muchacho muy guapo. Y muy simpático. Todo ese semestre hablamos durante la clase de inglés. Un día, dos semanas antes de Navidad, Julio me invitó a salir con él:

—Marissa, ¿qué haces este viernes? ¿Tienes planes?

—No. Pienso que no. ¿Qué pasa? —le dije.

—Mi banda canceló su *gig* en el club y tengo la noche libre. ¿Quieres ir al cine conmigo? —me preguntó.

—¡Sí, Julio! ¡Gracias! —le respondí.

Y después de la cita esa noche, Julio y yo ya éramos novios.

*****

Jack y yo entramos en el auditorio y encontramos unos asientos en la parte más cerca de donde tocan las bandas. El concierto es excelente. Hay muchas bandas que tocan dos canciones cada una y después de esas dos canciones los jueces las califican. Al final invitan a tres bandas a la última ronda donde tocan una canción más. La banda de Julio toca muy bien y llega a la última ronda donde ellos tocan una canción original. Es una mezcla de la música electrónica que es muy popular y la salsa que es un tipo de música de origen boricua, o sea, puertorriqueño. Aunque Julio nació en los Estados Unidos, toda su familia es de Puerto Rico.

Al final, Tribu no ganó el premio. Pero Jack y yo estamos muy orgullosos de Julio y sus amigos. Lo esperamos en el lobby para decirles.

—Julio, ¡ustedes tocaron MUY bien!

—Gracias, Marissa.

—Sí, hombre, ¡me encantó la canción! —dijo Jack.

—Gracias, 'mano. Oye, necesito despedirme de ustedes para recoger el equipo de la banda —nos dice Julio. —Marissa, nos vemos el domingo, ¿no? Vamos a estar en la playa a las once.

—Claro, Julio. ¿Qué necesito traer para contribuir? —le pregunto.

—Absolutamente nada. Mis tías van a tener de todo. TO-DO.

—Está bien, Julio. Nos vemos —le digo. —Uds. tocaron muy bien.

—Gracias. Chao, Marissa. Chao, Jack.

Al salir del lobby, Jack me dice —Cherie, ¡tienes mucha suerte de tener un novio tan talentoso y guapo!

—Tienes razón, Jack. Tienes razón.

Capítulo 2
Julio

Es domingo. En el carro con mis padres, llegamos al portón donde entramos en la playa. Veo a Jack inmediatamente porque lleva una camisa anaranjada (el uniforme de la playa; Jack trabaja allí) y un sombrero loco. Jack siempre lleva ropa interesante. Me gusta como es él.

Aunque tenemos un pase en el carro para entrar en la playa, mi padre para el carro y baja la ventana para saludar a Jack.

—¡Hola, Jack!
—Buenos días, Sr. Robles. ¿Qué tal la iglesia esta mañana?

Cada domingo que trabaja Jack en la playa, mi padre y él tienen la misma conversación. A mi padre le gusta que Jack le hable y le pregunte sobre la misa porque mi padre es muy religioso y le encanta hablar sobre el sermón.

—Gracias por preguntar, Jack. Todo bien esta mañana en la iglesia. Cantamos, rezamos y escuchamos al pastor.

—Muy bien, señor. Espero que pasen un buen día aquí a la playa. ¿Viene toda la familia como siempre? —Jack le pregunta a mi padre.

—Sí, Jack. Vamos a estar todo el día. Por favor, ven a comer después de tu trabajo.

—Usted es muy amable. Gracias. Nos vemos después —le contesta Jack.

Llegamos al mismo sitio que usamos cada domingo. Es una tradición venir a la playa después de la iglesia y tener una barbacoa con la familia. Llegan tías, tíos, primos y los padres de mi madre. En total, somos de treinta a cuarenta personas, depende si todos lleguen. Para una familia puertorriqueña, mi familia es pequeña: mis padres, mi hermano y yo. Mi hermano estudia en la universidad en Florida, es por eso que mis padres enfocan toda su atención en mí. Es horrible. A la vez, soy el único adolescente en la familia ahora. Todos mis primos son mayores y tienen sus propios hijos que son menores de 10 años. Por eso, invité a Marissa para que nos acompañe este fin de semana. Ella va a llegar en una hora después de su lección de piano.

Por el momento enfoco mi atención en todo lo necesario para preparar las mesas, la parrilla y claro, la música. Me toca a mí arreglar la música cada semana porque yo tengo las mejores listas de música. Veo a mi prima Carla primero con su esposo y sus dos hijos. Ella tiene una bandeja de aluminio con los tostones. Los tostones son del Caribe y son plátanos verdes que están cortados y aplastados, y luego fritos. Me encantan.

—Hola, Lencho —me dice. Lencho es el apodo que me dio la familia hace muchos años.

—Hola, Carla. Le doy un beso en el cachete y ella empieza a molestarme.

—Lencho, tu mamá me dice que tu novia viene hoy, ¿verdad?

—Sí, Carla. Marissa llega en una hora —le contesto.

—¡Qué lindo! Los dos ustedes pueden hacer una caminata por la playa y el muelle. ¡Qué romántico!

—¡Ay yay yay, Carla! No molestes —le digo.

Las otras personas llegan con todo el equipo necesario para la playa: sillas, toallas, pelotas de voleibol y claro, la comida. Hay más bandejas de mofongo[1], maduros[2], arroz con gandules[3] y carne. Cada semana las personas traen la misma comida. El menú nunca cambia. Mi primo Ronaldo llega después, siempre antes que de la mayoría. Es bueno porque es el encargado de la parrilla.

Ronaldo me saluda, —Julio, la novia viene hoy, ¿eh?

Es obvio que no hay ningún secreto en mi familia. Cada persona que llega a la playa me comenta sobre Marissa. En ese momento me dudo. No sé si sea buena idea invitar a Marissa... Quiero textearla para que no venga, pero ya es tarde. La veo en el portón hablando con Jack por la ventana de su carro.

Marissa sale de su carro y se nos acerca con una cara preocupada al ver tanta gente.

---

[1] Mofongo: Puerto Rican dish which is made with a mashed mound of plantains into which seafood, meat or vegetables can be mixed.

[2] Maduros: fried, sweet plantains.

[3] Arroz con gandules: Puerto Rican rice with pigeon peas (type of beans).

—Hola, Marissa. Gracias por venir. ¿Qué tienes? —yo le pregunto.

—Hola, Julio. Preparé unas galletas para compartir —me contesta.

Carla se mete en la conversación —¡Qué buena idea! A los niños les van a encantar. Hola, Marissa. Soy Carla.

—Mucho gusto, Carla. La familia es muy grande. Va a ser difícil recordar todos los nombres —dice Marissa.

—No te preocupes, Marissa —le digo. —Vamos. Te presento al resto de la familia.

Marissa y yo caminamos al otro lado y le presento a todas: Tío Marco y Tía María, mis primos Pedro y Esteban y sus esposas e hijos, mis abuelos, y muchas personas más. Es un choque para Marissa porque su familia es muy pequeña. Ella solo tiene sus padres y su hermanita, Grace. Originalmente su familia es de Pittsburgh, por eso no tiene familia cerca de nuestro pueblo.

Por fin llegamos donde está Carla otra vez y ella nos dice —¿Por qué no caminan por la playa? Cuando regresan la comida va a estar lista.

—Buena idea, Carla. Gracias. Pongo la mano en la espalda de Marissa, ¿Vamos?

Ella, feliz de no estar más con la gente, me contesta, —Sí, Julio. Vamos.

Caminamos por media hora. La playa no es tan larga pero paramos cada rato para hablar y otro rato para entrar en el agua. Marissa trata de tomarme la mano muchas veces, pero cada vez me muevo. A la tercera vez, ella me pregunta:

—Julio, ¿por qué no quieres que te tome la mano?

—No es nada, Marissa. Me gustaría, pero no quiero porque mi familia está aquí. —le contesto.

—Pero, ¿qué importa, Julio? Soy tu novia.

—Claro, pero mi familia me molesta por todo y no quiero que me hagan comentarios.

Marissa no está feliz con mi respuesta, pero afortunadamente no dice nada. Regresamos en silencio adonde está mi familia.

Con nuestros platos llenos de comida, nos sentamos en la mesa. Necesito explicar a

Marissa que es cada comida, como se hace y por qué es tan especial para los puertorriqueños.

Mientras comemos nosotros oímos a Jack. —¡Ho-LA, familia Robles! Gracias por invitarme. ¡Estoy listo para comer!

Empiezo a reír. Claro que Jack conoce a mi familia, pero no muy bien. Pero no importa si la conoce o no, Jack es Jack. Jack se presenta a cada persona de mi familia y conversa con todos. Jack tiene una personalidad excelente. Después de la gira Jack regresa donde estamos Marissa y yo.

—Y, ¿cómo están ustedes? ¿Qué onda? —Jack nos pregunta.

Empezamos a hablar del colegio y del concierto la otra noche. En un momento, Jack me mira y me pregunta, —¿Vas al viaje el miércoles?

Jack y yo estamos en la misma clase de español. Nos sentamos juntos y hablamos todo el tiempo. Nuestra clase va a la ciudad para visitar el Museo del Barrio. Allí hay mucha arte del Caribe que estudiamos en clase.

—Claro que voy a ir. Quiero enseñarte el restaurante que tiene mi primo cerca del museo —yo le digo.

—¡Excelente! Sabes cómo me encanta comer —Jack responde mostrándonos su plato que hace diez minutos estuvo lleno de comida y que ahora no tiene nada.

Los tres, Jack, Marissa y yo pasamos el resto de la tarde charlando y jugando al voleibol con toda la familia. Marissa está callada - no dice mucho - pero participa en la conversación cuando Jack le habla. Parece que tenemos un problema.

La verdad es que ella no sabe la magnitud del problema que tenemos.

Capítulo 3
Jack

Es el día del viaje a la ciudad para ir al Museo del Barrio. La profesora de español nos grita para que subamos al bus. Julio y yo entramos en el bus y caminamos a la parte trasera para sentarnos. En la mano cada uno de nosotros tenemos el paquete de información que nos dio la profesora sobre el arte que vamos a ver, y claro, con unas preguntas que deberemos contestar. Necesitaremos completarlas antes de llegar a la clase el próximo día pero probablemente ni las vamos a mirar antes de esa misma hora. Para nosotros el objetivo de ir en este viaje no es para conocer las exposiciones de arte, sino para no tener que asistir al colegio por un día. Ya es primavera y el clima ha sido excelente y aunque estamos en el tercer año del colegio, ya no tenemos ningunas ganas de estar en las clases; sufrimos de la "enfermedad" que afecta a cada estudiante del último año: *senioritis*. Eso es la excusa, claro, pero la verdad es que somos perezosos. ¡Ja ja!

En la otra mano Julio tiene una bolsa de plástico. —¿Qué hay en la bolsa? —le pregunto.

—Traje unos tostones para comer —me explica. —Compartimos.

—'Mano, sabes cómo me encantan. Gracias. ¿Son las sobras de la barbacoa del domingo? —le pregunto a Julio.

—Exacto. Son los tostones que preparó Carla. ¿Quieres comer ahora?

—Claro.

Julio me conoce bien. Él sabe que me encanta comer a cualquier rato. Me ofrece la bolsa y empiezo a comer. Mientras como los tostones, Julio saca su teléfono y busca música que preparó para este viaje. Lo miro mientras su pulgar presiona la pantalla del teléfono, pero muy suavemente. Julio es una persona muy suave. Sí, tiene mucho carisma y por eso es un músico excelente, pero a la vez es muy dulce y amable. Es un contraste enorme con las personalidades que existen en su familia.

Julio me pregunta —¿Escuchas la música conmigo?

Normalmente yo soy una persona bastante extrovertido y fuerte; tal vez sea una máscara que me suelo poner para adaptarme. Siendo homosexual en este pueblo ha sido una experiencia y no tan buena todo el tiempo. He usado mi personalidad para protegerme: sí puedo ser molestoso, puedo mantener alejadas a las personas para que no me critiquen por mi sexualidad, sino por mi carácter. Pero con Julio soy diferente. No es necesario fingir. No tengo que esconderme. Con él, me siento relajado. Es buen amigo.

Después de una hora en el bus llegamos a la ciudad. La profesora nos recuerda otra vez de la tarea que debemos hacer durante nuestro tiempo en el museo. La mayoría de los estudiantes, menos dos o tres de los inteligentes de la clase, ha puesto el paquete en las mochilas para no sacarlos más durante el día. La profesora, con buenas intenciones, nos preparó esa tarea, pero la verdad es que la mayoría no lo completará.

—Ustedes tienen dos horas en el museo y dos horas para pasear y comer almuerzo. Vengan a verme después de ver las exhibiciones —nos grita, aunque nadie la escucha.

Julio y yo bajamos del bus y entramos en el museo. Inmediatamente y sin hablar, con uno al otro nos separamos del grupo y subimos al segundo piso para mirar el arte allí.

Primero miramos las telas de Guatemala y México, pero no nos atraen como las máscaras en una de las aulas. Aunque realmente no quiero hacer la tarea en el paquete de información, quiero ver qué tenemos que aprender sobre estas máscaras. Colocadas en la pared hay por lo menos noventa o cien máscaras diferentes de todos colores. Las etiquetas indican que las antiguas son las que tienen los colores negro, rojo, blanco y amarillo, pero las más modernas son de todos los colores del arco iris.

A Julio también le fascinan las máscaras. Se queda callado mirando las figuras malévolas que se usaban para disfrazarse cuando la gente no quería exponerse a los demás. Pienso en la máscara metafórica que uso yo cada día con mi personalidad cuando Julio me pregunta, susurrando —Jack, ¿cómo sabías que te gustaban los muchachos?

Wow. No esperaba esa pregunta, además de Julio. Julio y yo somos buenos amigos, pero por la mayor parte, hablamos de música, la tarea y nuestras familias. Nunca discutimos mi sexualidad, ni la sexualidad en general.

—No sé, Julio. Siempre sabía. Desde la niñez cuando prefería pensar en los chicos. ¿Por qué me preguntas?
—Por nada. Olvídalo. Estas máscaras son muy fascinantes, ¿no? —me pregunta Julio, tratando de cambiar el tema de la conversación.

Aunque no me molesta contestar la pregunta de Julio, me causa pensar mucho en por qué. Julio saca el paquete de información de su mochila y lee:

Estas máscaras eran partes de disfraces religiosos y seculares. La gente las usaba para disfrazarse o esconderse de las otras personas durante las fiestas. Otras máscaras que se llamaban "vejigantes" tenían características animales y demoníacos y simbolizaban el diablo. También las utilizaban para espantar a gente para que volviera a asistir a la iglesia.

Claro que la profesora copió directamente de Wikipedia, pero no me importa en ese momento. Pienso más en Julio y como me cae tan bien. Es muy guapo, claro, pero también es muy buena persona. ¿Puede ser que...?

De repente otros estudiantes llegan a la exposición donde estamos Julio y yo. Llegan con mucha bulla. Los saludamos, pero decidimos pasear por otra parte del museo.

*****

Julio y yo salimos del aula donde están nuestros compañeros de clase. Normalmente Julio es muy gregario y quiere hablar con todos, pero hoy simplemente me dice, —Vamos a comer. Te invito a comer al restaurante de mi primo.

No tengo la oportunidad para responder porque Julio casi me empuja por las escaleras a la puerta principal del museo. Parece enojado, pero no sé por qué.

Caminamos rápido unas cinco cuadras por el barrio de East Harlem. Pasamos muchas murales que se pintaron durante los años 60 y 70 durante una época increíble de arte y cultura de la gente hispana en Nueva York. Por las calles vemos a muchas personas caminando, otras rogando y aún otras en los portones de sus apartamentos experimentando la vida como se la debe experimentar: ¿Cómo?

Julio no me habla por los diez minutos que tarda para llegar al restaurante. Pero cuando llegamos a un edificio con un toldo rojo, Julio para de caminar y dice —Ya llegamos.

Entramos en el restaurante que es un lugar muy casual. Se llama Mi Tierra Borinquén. Borinquén es otro nombre para Puerto Rico que se lo dieron los indios Taínos, nativos de Puerto Rico, hace muchos años. Echo un vistazo por el espacio y miro a muchos hombres sentados en la banqueta, muchos con sus uniformes para una compañías como ConEd, la famosa compañía de electricidad en la ciudad. Trabajadores, me imagino.

En la otra parte del restaurante hay unas mesas y Julio y yo nos sentamos en una. La mesera viene a la mesa para tomar el orden y cuando ve a Julio, empieza a gritar:

—¡Julio Montañez Meléndez! Cómo es que no te veo por tanto tiempo? Mírate. Te ves muy guapo. Y…¿quién es tu amigo?
—Hola, Marisol ¿Cómo estás? —dice Julio. Él se para para darle un abrazo enorme. —Jack, te presento a una prima, Marisol.
—Hola, Jack. Soy su prima favorita. ¿Cómo estás?

Julio y Marisol hablan por unos minutos más en español. Hablan tan rápido que no puedo entender, solo cada quinta palabra, pero no importa. Entiendo que Julio está feliz hablando con su prima. Por fin se sienta otra vez conmigo.

—Jack, ojalá que no molestes. Le di a Marisol nuestro orden.
—Claro que no, Julio. Estoy feliz de estar aquí en el restaurante de tu primo. ¿Cuándo lo abrió?

Julio empieza contarme la historia del restaurante de la familia y cómo sus abuelos llegaron desde la isla de Puerto Rico en los años 50. Eso fue durante el tiempo cuando crearon un esfuerzo de unos proyectos que se llamaban Operación Manos a la Obra[4]. Como la economía de la isla cambiaba de una agraria a una industrial, les faltaban muchos trabajos y muchos hombres emigraron a los Estados Unidos en busca de trabajo.

Luego la conversación cambia de la historia de Puerto Rico a las máscaras que vimos en el museo. En una voz seria Julio me cuenta que se siente que cada día él anda con una máscara puesta.

—No entiendo —le digo a mi amigo.

—No sé exactamente, Jack, pero no me siento real a veces; ni con mi familia, ni con Marissa. Solo me siento bien cuando estoy contigo.

Y con esas palabras, Julio Montañez Meléndez toma la mano mía con la suya, pero solo por un rato.

---

[4] Operación Manos a la Obra (Operation Bootstrap) was a multifaceted program that transformed the Puerto Rican economy, formerly one of agriculture, to an industrial one.

*****

Después de un almuerzo delicioso de mofongo, un sándwich Jibarito, arroz y frijoles, tostones y maduros, caminamos adónde encontramos el autobús para regresar al colegio. Andamos lentamente por haber comido tanto, pero yo camino aún más despacio por los pensamientos en mi mente.

Subimos al bus y Julio y yo nos sentamos otra vez en los asientos de la parte trasera. Nos ponemos los audífonos para escuchar la misma canción de Son By Four, una banda de salseros de Puerto Rico. Antes de que termine la canción Julio cae dormido con su cabeza en mi hombro.

¿Qué hago yo?

Capítulo 4
Julio

Mi mamá me llama desde otra parte de la casa.

—Lencho, tienes que sacar la basura y el reciclaje antes de salir a tu ensayo de la banda.

Enojado, le contesto, —Ya sé, mamá. Lo hago cada jueves por la mañana. Hoy día no hay nada diferente.

Creo que mi respuesta, quiero decir, el tono de ella, le sorprendió a mi mamá porque inmediatamente me regaña, —Julio, ¿qué te pasa? No debes salir de la casa hoy con esa mala actitud.

La verdad es que mi mamá tiene razón. No me siento bien hoy día. Amanecí bien bravo aunque no sé por qué. Completé toda la tarea y estudié para el examen de física hoy. Dormí bien, también. Pero no puedo pensar en por qué no me siento relajado. Puede ser...

Hace una semana que la clase de español fue en autobús a la ciudad de Nueva York para conocer el Museo del Barrio y esa parte donde se ubica, o sea, dónde está. Pasé todo el día con Jack. En el bus escuchamos música que seleccioné, visitamos las exhibiciones en el museo, comimos en el restaurante de mi primo y regresamos en el bus, escuchando música otra vez. Pero fue cuando le tomé la mano en el restaurante... Sentí una electricidad que nunca he sentido antes. Es cierto que me gusta Jack mucho porque es buen amigo, y realmente no sé qué me causó tomarle la mano, pero cementó lo que pensaba: me gusta Jack más que un amigo. Tal vez lo ame.

¿Amar a Jack? ¿Cómo? Tengo una novia. Marissa y yo tenemos tres meses de estar juntos. Salimos cada fin de semana, depende de mis compromisos con la banda y también le he estado invitando a la playa para conocer a mi familia. ¿Puedo ser homosexual? ¿Cómo es que tengo sentimientos para mi amigo que son más fuertes que los que tengo para mi novia? Es un lío, un problema enorme.

—¡Julio! Apúrate. Vas a perder el autobús —dice mi mamá.

Bajo por las escaleras con mi mochila y sin saludarla y sin comer, tomo las bolsas de plástico con la basura y el reciclaje y salgo de la puerta.

*****

Desafortunadamente, mi sentido de humor no cambió cuando llegué al colegio esa mañana. Vi a Marissa en el pasillo fuera de mi clase de física y la conversación no fue bien.

—Julio, todavía vienes a mi exposición de piano mañana por la noche? —me pregunta Marissa.

—¿Qué? ¿Qué exposición? No sé nada de ninguna exposición.

—Claro que sabes, Julio. Te invité hace dos semanas. Voy a tocar la pieza de música que mi amiga, Elise, escribió. Es una pieza difícil. La practico por...

—Marissa, no puedo asistir a esta exposición. Tengo un ensayo con la banda mañana por la noche para prepararme para el *gig* que tenemos el sábado.

—¿Qué me dices, Julio? ¿Que no vamos a vernos este fin de semana? ¿Por qué no me contaste antes? Julio...

No oí más de la conversación porque tocó la campana para indicar que la clase empieza. Sin despedirme bien de ella le di a Marissa un beso en el cachete - sin sentido - y entré en la clase para tomar el examen.

El enojo me perseguía ese día y resultó que hice muy mal en el examen, o por lo menos me sentí que hice mal.

Me calmé un poco cuando vi a Jack durante la hora de almuerzo. Por primera vez ese día me sonreí cuando lo vi en la cafetería hablando con otros dos muchachos y una muchacha, todos compañeros de nuestra clase de español. Me acerqué al grupo y les saludé.

—Hola. ¿Qué tal? —les dije.

—Hola, Julio —me dijo Jack. —¿Cómo te va hoy?

No sabía que era, mi percepción tal vez, pero Jack parecía diferente; un poco más distante. Tratando de manejar la situación para hacerme sentir mejor, le di una palmada en el hombro y le pregunté —¿Vamos a reunirnos el sábado para trabajar en el proyecto de las máscaras para la clase de español?

—Sí, claro.

Y con esa respuesta de dos palabras, terminó la conversación. Jack me señaló con un gesto que lo texteara después, y el grupo se despidió para asistir a sus clases.

*****

Esa noche salí de mi casa a las siete para llegar al ensayo a las 7:15. Tuvimos que practicar por lo menos una hora para preparar las canciones que íbamos a tocar la próxima noche en el Hotel Porta. Habría una recepción benéfica para una organización que ofrece un hogar a niños que no pueden vivir con sus familias por cualquiera razón. Claro que a la gente del pueblo le gusta apoyar a las personas más desafortunadas, pero además, le gusta la excusa de vestirse bien y asistir a una fiesta de cocteles. Así es la gente con dinero, yo pensaba, aunque no me importara mucho porque nos pagaran doscientos dólares por tocar.

Llegué a la casa de mi amigo y compañero de banda, Sam. Con la guitarra en la mano, entré en su casa y saludé a sus padres que estaban en la cocina. Inmediatamente, bajé al sótano donde practicábamos todos los jueves.

—Hola 'mano —me dijo Sam.

—Hola —le contesté.

—¿Estás bien? —me preguntó Sam.

—Más o menos. Pero no te preocupes. Voy a poder ensayar bien esta noche.

—Está bien, Julio. Pero no me preocupo por la música. Me preocupo por ti.

—Gracias, Sam. Estoy bien. De veras.

Grady llegó un poco después, con su bajo. Sam y Grady empezaron la banda hace dos años cuando estaban en la escuela intermedia. No tocaban mucho en público en aquel entonces pero siempre soñaban hacerlo como muchos adolescentes. No fue hasta el otoño pasado cuando me invitaron a tocar con ellos que empezamos a tener presentaciones para tocar para una audiencia más grande que nuestras familias. Y el día que ganamos dinero por tocar...celebramos - ¡por una semana!

No celebré esa noche. Me sentía mal. Confundido. No pude tocar bien. Los otros dos muchachos estaban preocupados.

—Julio, ¿cuál es tu problema? Tenemos que practicar bien si queremos tocar bien.

—Lo sé. Lo siento, muchachos.

Me habría gustado hablar con ellos sobre mis problemas mentales, o sea emocionales, pero aunque éramos amigos y compañeros de banda, no me sentía cómodo hablándoles sobre los sentimientos que tenía para Jack.

Después de una hora de ensayo tortuosa, me despedí de Sam y Grady y regresé a la casa.

Capítulo 5
Marissa

Hace una semana que supe algo muy horrible. Recibí este Snapchat de una "amiga." La verdad es que Paulina no es mi amiga, sino una chica que conozco de la clase de orquesta. Pero, como es para los adolescentes hoy en día, al momento que ella me pidió mi Snapchat, fue más fácil dárselo en vez de explicar por qué no quería.

Recibí una serie de Snapchats de Paulina. Los primeros dos fueron fotos horribles del interior de Mike's, una pizzería popular en otro pueblo, con mensajes crípticos como ése:

Mira...estuve en Mike's Pizzeria y ésa fue la vista.

Pero la foto que me asustó tanto fue ésta:

La foto era de Jack, mi mejor amigo, y Julio, mi novio, tomándose las manos fuera de la pizzería. La foto no era tan clara, pero indicaba una intimidad y comodidad de los dos muchachos. De qué hablaban, ni me imaginaba, pero no lo comprendía para nada.

En el momento que vi la foto no pude creer lo que vi. Y aunque solo se quedó en la pantalla de mi teléfono por unos segundos, fue una imagen que nunca se me quitara de la memoria. Muchas preguntas vinieron a mi mente, como:

¿Qué hacían Jack y Julio?

¿Por qué se tomaban las manos?

¿Por qué se sonríe Julio?

¿Por qué parecían tan felices y cómodos?

Claro que no respondí a Paulina. No sabía qué hacer. Me senté al lado de mi cama inmóvil y muda. Sí, esa Paulina es chismosa y a ella le encanta causar problemas con todos en el colegio, pero la foto no mentía: Jack y Julio estaban juntos en la pizzería dándole al mundo una vista en su mundo personal. Ese mundo, parecía, no me incluía.

Después de pasar un tiempo bastante largo sentada en mi cuarto, llamé a Julio para discutir. Normalmente me habría gustado mandarle un texto o un Snapchat, pero este asunto era demasiado importante y quería hablarle en ese momento.

Ésa fue la conversación:

Julio (*feliz):   Hola, Marissa. ¿Qué tal?

Yo (*tensa):   Julio, necesito hablar contigo.
                       O sea, necesitamos hablar.

Julio: ¿Qué pasa, Marissa?

Yo (*enojada): Hay una situación y quiero
                       hablarte.

Julio: (*oblivio): Hablamos ahora.

Yo (*triste):   No, Julio. Quiero hablarte cara
                   a cara.

Julio: Ok. Tengo un ensayo con
                   Tribu por la tarde y esta noche
                   tengo...

Yo: No, Julio. Tiene que ser hoy.
                   ¿Cuándo tienes tiempo?

Julio: Oh. ¿Es serio?

Yo: Sí. Muy serio.

Julio: Está bien. Hablamos en el
                   parque a la una.

Yo: Ok. Nos vemos.

Normalmente Julio y yo no hablamos por teléfono entonces la brevedad de la conversación no me sorprendió, pero el tono y la razón por ella me causó un dolor de estómago por todo el tiempo que tuve que esperar hasta la una de la tarde.

*****

Llegué al parque y me senté en el banco, no sabía qué le diría a Julio. Claro que lo amaba, pero parecía que él tenía otros sentimientos.

Lo vi bajando de su carro. Llevaba unos jeans, una camiseta celeste con mangas largas y unas chanclas – casi su uniforme. Lucía tan atractivo como siempre. Guapo.

—Hola, Marissa —dijo Julio, tratando de darme un beso.
Lo rechacé y le respondí —Hola, Julio.
—Marissa, ¿qué pasa? ¿Por qué no podíamos hablar por teléfono?
—Julio. Esta mañana recibí un Snapchat de Paulina...
—Esa chica es una molestia —dijo Julio.
—¿Es por eso estás preocupada? ¿Qué te dijo?
—No es lo que me dijo, sino la foto que me mandó.
—¿Qué fue? —me preguntó Julio.
Respiré profundamente y le respondí —Julio, me mandó una foto de tú y Jack en la pizzería.
Julio, sin saber la dirección de la conversación todavía, dijo —Oh. Sí, Jack y yo comimos en Mike's el martes por la noche. Hablamos del proyecto de español.
—Julio...

Empecé a llorar. No quería llorar pero con las emociones estaba agobiada. —Julio, en la foto que me mandó, ustedes se tomaban las manos.

Hubo un silencio enorme por un minuto, aunque parecía más largo.

—Marissa, puedo explicar... —dijo Julio.
—Julio, necesitas decirme la verdad.

Después de unas explicaciones falsas y horribles, incluyendo que Julio le daba confort a Jack por no sé qué, Julio me admitió algo que casi no pude creer.

—Marissa, soy homosexual. Me gusta Jack. Tú también eres muy especial...

No oí nada más. Mi novio de cuatro meses me decía lo imposible. Le gustaban los muchachos. Además, le gustaba mi mejor amigo. ¿Cómo ocurrió toda esta situación? Casi no pude respirar más a causa de los sollozos. Lloré mucho, repitiendo las mismas preguntas muchísimas veces: ¿Por qué? y ¿Cómo?

Capítulo 6
Jack

Es junio y el año escolar ya termina. Por fin. Julio me contó sobre la conversación que tuvo con Marissa hace un mes en el parque. Él explicó la situación lo mejor que pudo, pero me imagino que no fue suficiente para Marissa. Ese día en el parque ella no gritó, pero lloró un poco. No sé si lloró por la relación que tenía con Julio o lloró porque no entendía. De todos modos, ella ya no habló más con Julio, y tampoco habló más conmigo.

La verdad es que la extraño mucho. Antes cuando algo bueno o malo pasaba en mi vida, le texteaba o le llamaba. Ella era mi mejor amiga. Compartía todo con ella. Fue la primera persona en saber la información más íntima de mi vida, que yo era homosexual. Y ahora que estoy con una persona que amo con todo mi corazón, no puedo compartir los sentimientos con mi amiga. Y aunque estoy feliz con Julio, estoy triste que los tres ya no somos amigos como antes.

Julio y yo completamos el proyecto para la clase de español sobre las máscaras puertorriqueñas. Después de la presentación, empezamos a pasar mucho más tiempo juntos. Fuimos a comer, al cine, a la playa y al centro comercial. Nos divertimos mucho, claro, pero creo que sufrimos un poco también. Julio pasaba tanto tiempo conmigo que sus compañeros de la banda empezaron a quejarse cuando Julio perdía muchos ensayos. Al final, aunque a Sam y a Grady les gustaba Julio, decidieron encontrar a otra persona nueva para tocar la guitarra y cantar en la banda. Julio estaba un poco enojado, pero a la vez, entendía que la banda no podía continuar así.

Julio y yo no vimos mucho a Marissa en el colegio. Ella también encontró a nuevos amigos. No sé por qué ni cómo, pero ella pasaba mucho más tiempo con esa muchacha Paulina quien le mandó el Snapchat que nos causó problemas. Antes de ese día nosotros éramos buenos amigos...

Por mi parte, todo no ha sido ningún picnic. Igual como los compañeros de Julio, mis jefes en la playa me botaron del trabajo por faltar al trabajo porque quería pasar todo mi tiempo con Julio. Y la verdad es que Julio me necesitaba mucho. Tenía muchos problemas con su familia cuando le decía que era homosexual, y todavía los tiene.

Un día Julio y yo estuvimos en la playa después de los exámenes finales. Caminábamos por el muelle y mirábamos a los hombres pescando, a las madres con sus bebés y a la gente navegando en sus barcos de vela. Había una brisa suave y hacía mucho sol. Paramos para mirar la vista y Julio habló:

—Jack, no puedo creer que tú y yo estamos aquí.

—Claro, Julio. Los exámenes finales de este año terminaron —respondo.

—No quiero decir eso. Quiero...

—Yo sé, Julio. Estoy feliz también. Me gustas mucho y es un placer pasar tiempo contigo.

Julio responde —Todavía me siento mal sobre la situación con Marissa. No quería causarle ningún dolor.

—Entiendo perfectamente. Marissa es muy buena persona y muy especial. La extraño mucho. Ella me ayudó mucho a aceptar quien soy. Le debo mucho —dije.

—Claro que para mí fue diferente porque solo la conocí este año. Pero me gustó ella desde el primer momento que la conocí. Su sonrisa...

—Julio, tengo una idea. Dame tu teléfono. Vamos a llamar a Marissa ahora.

—ack, ¿es buena idea? ¿Qué pasa si ella no contesta? ¿Qué...?

No quería oír más protestas de Julio. Tomo su teléfono y abro la función de FaceTime y marco el contacto de Marissa. Pongo el teléfono para que ella pueda ver a los dos de nosotros, y esperamos.

GLOSARIO

A

a - to, at
abrazo - hug
abrió - s/he, it opened
abro - I open
absolutamente - absolutely
abuelos - grandparents
aceptar - to accept
acerca - about
(me) acerqué - I approached
acompañé - I accompanied
actitud - attitude
adaptarme - to adapt
además - besides
admitió - s/he admitted
adolescente(s) - adolescent(s)
adonde - (to) where
adultos - adults
adónde - (to) where
afecta - s/he, it affects
afortunadamente - fortunately
agobiada - overwhelmed
agraria - agrarian

agua - water
ahora - now
al - a + el
alejadas - far
algo - something
allí - there
almuerzo - lunch
aluminio - aluminum
amaba - I, s/he loved
amable - kind
amanecí - I woke up
amar - to love
amarillo - yellow
ame - I, s/he loves
amiga/o(s) - friend(s)
amistad - frienship
amo - I love
anaranjada - orange
anda - s/he walks
andamos - we walk
animales - animals
año(s) - year(s)
antes - before
antiguas - old
apartamentos - apartments
aplastados - smashed
apodo - nickname
apoyar - to support
aprender - to learn
apúrate - hurry up!
aquel - that
aquí - here
arco iris - rainbow

arreglar - to fix
arroz - rice
arte - art
asientos - seat
asistimos - we attend
asistir - to attend
asunto - issue
asustó - s/he surprised
así - so
atención - attention
atractivo - attractive
atraen - they attract
audiencia - audience
auditorio – auditorium
audífonos – headphones
aula(s) - classroom(s)
aún - even
aunque - though
autobús - bus
ayudó - s/he helped

B
baja - short
bajamos - we get off (bus)
bajando - getting out
bajo - bass (guitar)
bajo - I go down (stairs)
bajé - I went down (stairs)
banco - bank
banda(s) - band(s)

bandeja(s) - tray(s)
banqueta - counter
barbacoa - barbecue
barcos - boats
barrio – neighborhood
bastante - enough
basura - garbage
batalla - battle
bebés - babies
benéfica - benefit
beso - kiss
bien - well
blanco(s) - white
bolsa(s) - bag(s)
boricua - Puerto Rican
Borinquén - Puerto Rico
botaron - they threw out
bravo - angry
brevedad - brevity
brisa - breeze
buen/a/o(s) - good
bulla - noise
bus - bus
busca - s/he looks for
busco - I look for

C
cabeza - head
cachete - cheek
cada - each
(se) cae - s/he, it falls

cafés - brown
califican - they
   qualify
callada/o - quiet
calles - streets
(me) calmé - I
   calmed (myself)
cama - bed
cambia - s/he, it
   changes
cambiaba - I, s/he
   changed
cambiar - to change
cambió - s/he, it
   changed
caminamos - we
   walk(ed)
caminan - they walk
caminando - walking
caminar - to walk
caminata - walk
camino - I walk
caminábamos - we
   walked
camisa - shirt
camiseta - T-shirt
campana - bell
canceló - s/he, it
   cancelled
cancion(es) - song(s)
canta - s/he sings
cantamos - we sing;
   we sang
cantar - to sing
cara - face

características -
   characteristics
Caribe - Caribbean
carisma - charisma
carne - meat
carro - car
carácter - character
casa - house
casi - almost
castaño - chestnut
   color
causa - s/he, it
   causes
causar - to cause
causarle - to cause
   him/her
causó - s/he, it
   caused
celebramos - we
   celebrate(d)
celebré - I
   celebrated
celeste - light blue
cementó - s/he, it
   cemented
centro - downtown
cerca - close
chanclas - flip-flops
chao - 'bye
charlando - chatting
cherie - French word
   for "dear"
chica - girl
chicos - boys
chismosa - gossip
choque - shock

cien – one hundred
cierto – certain
cinco – five
cine – cinema
cita – date
ciudad – city
clara/o – clear
clase(s) – class(es)
clima – climate, weather
cocina – kitchen
cocteles – cocktails
colegio – high school
colocadas – located
colores – colors
comemos – we eat
comenta – s/he comments
comentarios – comments
comer – to eat
comercial – commercial
comida – food
comido – eaten
comimos – we ate
como – like, as
como – I eat
cómo – how
comodidad – commodity
cómodo(s) – comfortable
compartimos – we share(d)
compartir – to share

compartía – I, s/he shared
compañero(s) – friend(s), companion(s)
compañía(s) – company(ies)
competencia – competition
completamos – we complete(d)
completarlas – to complete them
completará – s/he will complete
completé – I completed
comprendía – I, s/he understood
compromisos – compromises
compró – s/he bought
con – with
concentrarme – to concentrate
concierto(s) – concert(s)
confort – comfort
confundido – confused
conmigo – with me
conoce – s/he knows
conocer – to know
conocí – I knew, I met

conozco – I know, I meet
contacto – contact
contarme – to tell me
contaste – you told
contenta/o – content, happy
contesta – s/he, it answers
contestar – to answer
contesto – I answer
contesté – I answered
contestó – s/he answered
contigo – with you
continuar – to continue
continúa – s/he, it continues
contraste – contrast
contribuir – to contribute
contó – s/he told
conversa – s/he converses
conversación – conversation
copió – s/he copied
corazón – heart
corro – I run
cortados – cut
cortos – short
costumbre – custom

crearon – they created
creer – to belive
creo – I believe
critiquen – they critique
crípticos – cryptic
cuadras – city blocks
cuál – which
cualquier/a – whichever
cuando – when
cuándo – when
cuarenta – forty
cuarto – room
cuatro – four
cuenta – s/he tells
cuerpo – body
cuesta – it costs
ciudad – city
cultura – culture

D

daba – I, s/he gave
dame – give me
dándole – giving to him/her
dárselo – to give (it) to him/her
darle – to give to him/her
darme – to give to me
de – from, of, about
debe – s/he must, should

debemos - we must, should
deberemos - we will have to
debes - you must, should
debo - I must, should
decidieron - they decided
decidimos - we decide(d)
decir - to say, tell
decirles - to tell them
decirme - to tell me
decirte - to tell you
declaración - declaration
decía - I, s/he said
decírtelo - to tell (it) to you
del - de + el
delgado - thin
delicioso - delicious
demasiado - too much
demoníacos - evil
demás - rest
depende - s/he, it depends
desafortunadamente unfortunately
desafortunadas - unfortunate
desde - from, since
despacio - slow

despedirme - to say goodbye
(me) despedí - I said goodbye
(se) despidió - s/he said goodbye
(me) despido - I say goodbye
después - after
di - I gave
diablo - devil
día(s) - day(s)
dice - s/he, it says, tells
dices - you say, tell
dientes - teeth
dieron - they gave
diez - ten
diferente(s) - different
difícil - difficult
digo - I say, tell
dije - I said, told
dijo - s/he, it said, told
dinero - money
dio - s/he gave
dirección - direction
directamente - directly
diría - I, s/he would say
discutimos - we discuss(ed)
discutir - to discuss
disfraces - costumes

disfrazarse - to dress up in costume
distante - distant
distraída - distracted
(nos) divertimos – we have(had) fun
diviértanse - have fun!
dólares - dollars
dolor - pain
domingo - Sunday
donde - where
dónde - where
dormido - asleep
dormí - I slept
dos - two
doscientos - two hundred
doy - I give
dudo - I doubt
dulce - sweet
durante - during

E

e - and
economía - economy
edificio - building
el - the
él - he
electricidad - electricity
electronica - electronic
ella - she
ellos - they

emigraron - they emigrated
emocionada - excited
emocionales - emotional
emociones - emotions
empecé - I began
empezamos - we begin, we began
empezaron - they began
empieza - s/he, it begins
empiezo - I begin
empuja - s/he pushes
en - in, on
encanta - it is very pleasing to
encantan - they are very pleasing to
encantar - to be very pleasing to
encantó - it was pleasing to
encargado - in charge
encontramos - we find, we found
encontrar - to find
encontró - s/he, it found
enfermedad - illness
enfocan - they focus
(me) enfoco - I focus

enojada/o - angry
enojo - angry
enorme - enormous
ensayar - to rehearse
ensayo(s) - rehearsals
enseñarte - to teach to you
entender - to understand
entendía - I, s/he understood
entiendo - I understand
entonces - then
entramos - we enter(ed)
entrar - to enter
entre - between
entré - I entered
entró - s/he entered
época - epoch
equipo - team
era - I, s/he was
éramos - we were
eran - they were
eres - you are
es - s/he is
esa - that
ésa - that
esas - those
escaleras - stairs
escolar - school (adj)
esconderme - to hide
esconderse - to hide

escribir - to write
escribió - s/he wrote
escritorio - desk
escucha - s/he listens to
escuchamos - we listen(ed) to
escuchando - listening to
escuchar - to listen to
escuchas - you listen to
escuela - school
ese - that
ése - that
esfuerzo - effort
eso - that
espacio - space
espalda - back
espantar - to frighten
español - Spanish
especial - special
especialmente - especially
espera - s/he waits for, s/he hopes
esperaba - I, s/he waited for, hoped
esperamos - we wait(ed)/hope(d) for
esperar - to wait for, to hope

espero – I wait for, I hope
esposas – wives
esposo – husband
esta – this
ésta – this
está – s/he, it is
estaba – I, s/he was
estaban – they were
estado(s) – state(s)
estamos – we are
estar – to be
estas – these
estás – you are
este – this
estoy – I am
estudia – s/he studies
estudiamos – we study; we studied
estudiante(s) – student(s)
estudio – I study
estudié – I studied
estuve – I was
estuvimos – we were
estuvo – s/he was
está – s/he, it is
estábamos – we were
están – they are
estómago – stomach
etiquetas – tags
exactamente – exactly
exacto – exact
examen – exam

exámenes – exams
excelente – excellent
excusa – excuse
exhibiciones – exhibitions
existen – they exist
experiencia – experience
experimentando – experimenting
experimentar – to experience
explica – s/he explains
explicaciones – explanations
explicar – to explain
explicó – s/he explained
exponerse – to expose
exposiciones – expositions
exposición – exposition
extraño – strange
extrovertido – outgoing

F
fácil – easy
falsas – false
faltaban – they lack
faltar – to lack
familia(s) – family(ies)

famosa - famous
fascinan - they
  fascinate
fascinantes -
  fascinating
(por) favor - please
favorita/o(s) -
  favorite
felices - happy
feliz - happy
fenomenal -
  phenomenal
fiesta(s) - party(ies)
figuras - figures
fin - end
finales - final
fingir - to pretend
física - physical
foto(s) - photo(s)
francés - French
frijoles - beans
fritos - fried
fue - s/he went, s/he
  was
fuera - outside
fueron - they went,
  they were
fuerte(s) - strong
fuimos - we went,
  we were
función - function

G
galletas - cookies
ganamos - we
  earn(ed)

ganar - to earn
(tener) ganas - to
  feel like
gandules - pigeon
  peas
ganen - they win
ganó - s/he, it won
gente - people
gesto - gesture
gira - tour
grabación - recording
gracias - thank you
grado - grade
grande - big, large
gratuitas - free
gregario - gregarious
grita - s/he yells
gritar - to yell
gritó - s/he yelled
grupo - group
guapo(s) - handsome
guitarra - guitar
gusta - it is pleasing
  to
gustaba - it was
  pleasing to
gustaban - they were
  pleasing to
(me habría) gustado-
  I would have liked
gustan - they are
  pleasing to
gustaría - it would be
  pleasing to
gustas - you are
  pleasing to

(mucho) gusto – nice to meet you
gustó – it was pleasing to

H

ha – s/he, it has (auxiliary verb), as in "has eaten"
haber – to have
habla – s/he speaks
hablaban – they spoke
hablamos – we speak; we spoke
hablan – they speak
hablando – speaking
hablar – to speak
hablarle – to speak to him/her
hablarte – to speak to you
hable – s/he speaks
hablándoles – speaking to them
habló – s/he spoke
habría – would have
había – there was, there were
hace – s/he it does, makes
hacemos – we do, make
hacer – to do, make
hacerlo – to do, make

hacerme – to make myself
haces – you do, make
haciendo – doing, making
hacía – s/he, it did, made
hacían – they did, made
hagan – they do, make
hago – I do, make
Harlem – neighborhood in NYC
hasta – until
hay – there is, there are
he – I have (auxiliary verb), as in "I have eaten"
hermanita – little sister
hermano – brother
hice – I did, made
hijos – sons, children
hispana – Hispanic
historia – history
hogar – home
hola – hello
hombre – man
hombres – men
hombro – shoulder
hora(s) – hour(s)
hoy – today

hubo – there was, there were

I

íbamos – we went
iglesia - church
igual – equal, same
imagen - image
imaginaba – s/he, it imagined
imagino – I imagine
importa – it is important to
importante – important
importara – it is important to
imposible – impossible
incluyendo – including
incluía – I, s/he included
increíble - incredible
indicaba – I, s/he indicated
indican – they indicate
indicar – to indicate
indios – Indians
información – information
inglés - English
inmediatamente – immediately
inmóvil - immobile

inteligentes - smart
intenciones – intentions
interesante – interesting
(escuela) intermedia middle school
íntima - intimate
intimidad - intimacy
invitan – they invite
invitando - inviting
invitar – to invite
invitarme – to invite me
invitaron – they invited
invito – I invite
invité – I invited
invitó – s/he invited
ir – to go
(arco) iris - rainbow
isla – island

J

jefes - bosses
jibarito – person from the mountains of Puerto Rico, also name given to a sandwich
jueces - judges
jueves - Thursday
jugando - playing
junio - June
juntos – together

justo – just, fair

L

la - the
lado - side
larga/o(s) - long
las - the
le – to him/her
lección - lesson
lee – s/he reads
lentamente - slowly
les – to them
libre - free
lindo - nice
lista/o(s) - ready
literatura - literature
llama – s/he calls
llamaba – s/he called
llamaban – they called
llamar – to call
llamarme – to call (muyself)
llamé – I called
llega – s/he arrives
llegamos – we arrive, we arrived
llegan – they arrive
llegar – to arrive
llegaron – they arrived
llego – I arrive
lleguen – they arrive
llegué – I arrived
llegó – s/he arrived
lleno(s) - full

lleva – s/he wears
llevaba – s/he wore
(nos) llevamos bien – we got along well
llorar – to cry
lloré – I cried
lloró – s/he cried
lo – it, him
locales – local
loco - crazy
los – them
lucía – s/he, it looked
luego - later
lugar - place
lápiz - pencil
lío – trouble, mess

M

madre(s) – mother(s)
maduros - ripe
magnitude – magnitude
mal - badly
mala/o - bad
malévolas - evil
mami - mommy
mama - mom
mandarle – to send to her
mandó – s/he sent
manejar – to drive
mangas - sleeves
mano(s) – hand(s)
mantener – to maintain

marco - I dial
martes - Tuesday
matemáticas - math
mayor(es) - older
mayoría - majority
mañana - morning,
    tomorrow
me - me, to me
media - half
mejor(es) - better
memoria - memory
menores - younger
menos - less
mensaje(s) -
    message(s)
mentales - mental
mente - mind
mentía - I, s/he lied
menú - menu
mes(es) - month(s)
mesa(s) - table(s)
mesera - waitress
metafórica -
    metaphorical
(se) mete - s/he
    inserts (herself)
mezcla - mix
mi(s) - my
mí - me
mía - mine
mientras - while
minuto(s) - minute(s)
mira - s/he looks at,
    watches
miramos - we
    look(ed) at,

watch(ed)
mirando – looking,
    watching
mirar - to look at,
    watch
miro - I look at,
    watch
mirábamos - we
    looked at,
    watched
misa – mass (church
    service)
misma/o(s) - same
miércoles –
    Wednesday
mochila(s) –
    backpack(s)
modernas - modern
(de todos) modos –
    anyways
molesta - s/he, it
    bothers
molestarme - to
    bother me
molestes - you
    bother
molestia - bother
molestoso - annoying
momento(s) –
    moment(s)
mostrándonos –
    showing us
mover - to move
mucha/o(s) - a lot,
    many
muchacha - girl

muchacho(s) – boy(s)
muchísimas – a LOT
muda – mute
(se) mudó – s/he moved
muelle – dock, pier
muevo – I move
mundo – world
murales – murals
musculoso – muscular
museo – museum
muy – very
más – more
mascara(s) – mask(s)
mírate – look at you
música – music
músico – musician

N

nació – s/he was born
nada – nothing
nadamos – we swim, we swam
nadie – no one
natación – swimming
nativos – native
navegando – navigating
Navidad – Christmas
necesario – necessary
necesitaba – s/he, it needed
necesitamos – we need(ed)

necesitaremos – we will need
necesitas – you need
necesito – I need
negro – black
nervioso – nervous
ni – neither, nor
ninguna(s) – none
ningún – none
niñez – childhood
niños – kids
noche – night
nombre(s) – name(s)
normalmente – normally
nos – us, to us
nosotros – we
noventa – ninety
novia – girlfriend
novio – boyfriend
novios – sweethearts
nuestra/o(s) – our
nueva/o(s) – new
nunca – never

O

o – or
objetivo – objective
oblivio – oblivious, unaware
obra – work
obvio – obvious
octavo – eighth
ocurrió – it occurred
oeste – west

ofrece - s/he, it offers
oí - I heard
oigo - I hear
oímos - we hear(d)
oír - to hear
ojalá - it is hopeful
ojos - eyes
olvídalo - forget it
once - eleven
(qué) onda - what's up?
operación - operation
oportunidad - opportunidad
orden - order
organización - organization
orgullosos - proud
origen - origin
originalmente - originally
orquesta - orchestra
otoño - fall, autumn
otra/o(s) - other
oye - s/he hears

P
padre - father
padres - parents
pagaran - they pay
palabra(s) - word(s)
palmada - slap
pantalla - screen
pantalones - pants

papi - daddy
paquete - package
para - for
paramos - we stop(ped)
parece - s/he, it seems
parecía - I, s/he seemed
parecían - they seemed
pared - wall
parque - park
parrilla - grill
parte(s) - part(s)
participa - s/he participates
pasa - s/he spends (time), it happens
pasaba - I, s/he spent (time), it happened
pasado - past
pasamos - we spend (time), we spent
pasar - to spend (time), to happen
pasaron - they spent (time)
pase - s/he, it spends (time), it happens
pasear - to stroll
pasen - they spend (time)
pasillo - hallway
pastor - priest

60

pasé - I spent (time)
peleamos - we fight, we fought
pelo - hair
pelotas - balls
pensaba - I, s/he thought
pensamientos - thoughts
pensar - to think
pequeña - small
percepción - perception
perder - to lose
perdía - I, s/he lost
perezosos - lazy
perfectamente - perfectly
pero - but
perseguía - I, s/he persued
persona(s) - person(s)
personalidad(es) - personality(ies)
pescando - fishing
pidió - s/he asked for
pienses - you think
pienso - I think
pieza - piece
pintaron - they painted
piso - floor
placer - pleasure
planes - plans

plato(s) - meal(s), plate(s)
playa - beach
plástico - plastic
plátanos - bananas
poco - little
poder - to be able
podia - I, s/he was able
podíamos - we were able
ponemos - we put
poner - to put
pongo - I put
por - for
porque - because
portones - gates
portón - gate
posibles - possible
practicado - practiced
practicar - to practice
practico - I practice
practicábamos - we practiced
prefería - I, s/he preferred
pregunta - s/he asks
preguntar - to ask
preguntara - s/he asks
preguntas - you ask
pregunte - I, s/he asks

pregunto - I ask
pregunté - I asked
preguntó - s/he asked
premio - prize
preocupada/o(s) - worried
(no te) preocupes - don't worry
preocupo - I worry
preparar - to prepare
prepararme - to prepare myself
preparé - I prepared
preparó - s/he prepared
presenta - s/he, it presents
presentaciones - presentations
presentación - presentation
presente - present
presento - I present
presenté - I presented
presiona - s/he, it pressures
prima/o(s) - cousin(s)
primavera - spring
primer/a/o(s) - first
principio - beginning
probablemente - probably
problema(s) - problem(s)

profesora - teacher
profundamente - profoundly
programa - program
propios - own
protegerme - to protect me
protestas - protests
proyecto(s) - project(s)
próxima/o - next
público - public
pude - I could
pudo - s/he could
pueblo - town
pueda - I, s/he can
puede - s/he, it can
pueden - they can
puedes - you can
puedo - I can
puerta - door
puertorriqueña/o(s)- Puerto Rican
pues - then, well
puesta - worn
puesto - put
pulgar - thumb

Q
que - that
qué - what
queda - s/he stays
quedó - s/he stayed
quejarse - to complain

queremos - we want
quería - I, s/he wanted
quien(es) - who
quién - who
quiere - s/he wants
quieres - you want
quiero - I want
quinta/o - fifth
quitara - s/he takes off

R
rápido - fast
rato - moment
razón - reason
realmente - really
recepción - reception
rechacé - I rejected
recibo - I receive
recibí - I received
reciclaje - recycling
recoger - to pick up
recogerte - to pick you up
recordar - to remember
recuerda - s/he remembers
regaña - gets angry with
regresa - s/he, it returns
regresamos - we return(ed)

regresan - they return
regresar - to return
regresé - I returned
reír - to laugh
relación - relationship
relajado - relaxed
religioso(s) - religious
(de) repente - suddenly
repitiendo - repeating
respirar - to breathe
respiré - I breathed
responde - s/he responds
responder - to respond
respondo - I respond
respondí - I responded
respuesta - answer
restaurante - restaurant
resto - rest
resultó - it resulted
reunirnos - to meet up
rezamos - we pray(ed)
rogando - begging
rojo - red
romántico - romantic
ronda - round

ropa - clothes
rosada - pink

S
sábado - Saturday
sabe - s/he, it knows
saber - to know
sabes - you know
sabia - I, s/he knew
sabías - you knew
saca - s/he takes out,removes
sacar - to take out, remove
sacarlos - to remove them
sala - living room
sale - s/he leaves, goes out
salgo - I leave, go out
salimos - we leave, go out; we left, went out
salir - to leave, go out
salsa - type of music popular in Puerto Rico and other regions
salseros - those who play salsa music
saluda - s/he greets
saludamos - we greet(ed)
saludar - to greet
saludarla - to greet her
saludé - I greeted
salí - I left, went out
sé - I know
sea - I am, s/he is
secreto(s) - secret(s)
seculares - secular (non-religious)
segundo(s) - second
seleccioné - I selected
semana(s) - week(s)
semestre - semester
senioritis - "ailment" that students who are seniors get whereby they don't wish to complete any schoolwork
sentada/o(s) - seated
(nos)sentamos - we sit,we sat
sentarme - to sit (myself)
sentarnos - to sit (ourselves)
sentí - I felt
sentido - felt, sense
sentimientos - feelings
sentir - to feel
(me) senté - I sat
sentía - I, s/he felt
separamos - we separate(d)

septiembre – September

ser – to be

sería – I, s/he, it would be

serie – series

serio – serious

sexualidad – sexuality

señaló – s/he signaled

señor – sir, mister

si – if

sí – yes

sido – been

siempre – always

siendo – being

(se) sienta – s/he sits

(se) siente – s/he feels

(me) siento – I sit, I feel

siete – seven

silencio – silence

sillas – chairs

simbolizaban – they symbolize

simplemente – simply

simpático – nice

sin – without

sino – but

sitio – site

situación – situation

sobras – leftovers

sobre – about

sol – sun

sollozos – sobs

solo – only, alone

sombrero – hat

somos – we are

son – they are

sonreí – I smiled

sonrisa – smile

sonríe – s/he smiles

sorprendida – surprised

sorprendió – s/he surprised

sorprendí – I surprise

sótano – basement

soy – I am

soñaban – they dreamed

Sr. – abbreviation for "señor"

su(s) – her, his, their

suave – soft

suavemente – softly

subamos – we climb

subimos – we climb(ed)

subo – I climb

(me) suelo – I am in the habit of

suerte – luck

suficiente – sufficient

sufrimos – we suffer(ed)

supe – I knew, learned

susurrando –
whispering

suya – his, hers

T

tal - so

talentoso - talented

también – too, also

tampoco - either

tan - so

tanta/o(s) – so much,
so many

tarda – it takes
(time)

tarde - afternoon

tarea - homework

taínos – indigenous
people of Puerto
Rico and the
Caribbean

teatro - theater

telas - cloths

teléfono - phone

tema – topic, theme

temenos - we have

tener – to have

tengo – I have

tensa - tense

tenia – I, s/he had

tenían – they had

tercer/a – third

termina – s/he, it
finishes, ends

terminaron - they
finished

terminé – I, s/he

finishes

terminó - s/he
finished

texteaba – I, s/he
texted

texteara – I, s/he
text

textearla – to text
her

texto - text

ti - you

tiempo - time

tiene – s/he, it has

tienen – they have

tienes – you have

tierra - land

tipo - tupe

toallas - towels

toca – s/he plays

tocaban – they
played

tocan – they play

tocar – to play

tocaron – they played

tocó – s/he played

toda/o(s) - all

todavía - still, yet

toldo - awning

toma – s/he, it takes,
drinks

tomaban – they took,
drank

tomamos – we take;
we took

tomar – to take,
drink

tomarle - to take him/her
tomarme - to take me
tome - I, s/he takes, drinks
tomo - I take, drink
tomándose - taking her/himself
tomé - I took, drank
tono - tone
tortuosa - torturous
trabaja - s/he works
trabajadores - workers
trabajar - to work
trabajo(s) - job(s)
trabajo - I work
tradición - tradition
traen - they bring
traer - to bring
traje - I brought
trasera - back
trata - s/he tries
tratando - trying
trato - I try
treinta - thirty
tres - three
tribu - tribe
triste - sad
tu - your
tú - you
tuve - I had
tuvimos - we had
tuvo - s/he, it had
tía(s) - aunt(s)

tío(s) - uncle(s)
tíos - aunts & uncles

U
ubica - it is located
uds - abbreviation for ustedes
última/o - last
un/a - a, an
unas/os - some
único - only
unidos - united
uniforme(s) - uniforme(s)
universidad - university
uno - one
usa - s/he, it uses
usaba - I, s/he used
usaban - they used
usado - used
usamos - we use(d)
uso - I use
usted - you formal
ustedes - you plural
utilizaban - they used

V
va - s/he, it goes
vamos - we go
van - they go
vas - you go
ve - s/he, it sees

veces - times, instances
vela - sail
vemos - we see
ven - they see
venga - I, s/he comes
vengan - come!
venir - to come
ventana - window
veo - I see
ver - to see
(de) veras - really
verdad - true, truth
verdes - green
verlo - to see it
verme - to see me
vernos - to see us
ves - you see
vestirse - to get dressed
vez - time, instance
vi - I saw
viaje - trip
vida - life
viene - s/he, it comes
vienes - you come
viernes - Friday
vimos - we saw
vinieron - they came
visitamos - we visite(d)
visitar - to visit
vista - view
vistazo - look
vivir - to live

voleibol - volleyball
volviera - I, s/he come
voy - I go
voz - voice

Y
y - and
ya - already
yo - I

Z
zapatos - shoes

ABOUT THE AUTHOR

Jennifer Degenhardt taught high school Spanish for over 20 years. She realized her own students, many of whom had learning challenges, acquired language best through stories, so she began to write ones that she thought would appeal to them. She has been writing ever since.

Please check out the other titles by Jen Degenhardt available on Amazon:

La chica nueva | La Nouvelle Fille | <u>The New Girl</u>
La chica nueva (the ancillary/workbook
volume, Kindle book, audiobook)
El jersey | <u>The Jersey</u> | *Le Maillot*
La mochila
El viaje difícil
La niñera
Los tres amigos | <u>Three Friends</u>
María María: un cuento de un huracán | <u>María
María: A Story of a Storm</u> | Maria Maria: un
histoire d'un orage
Debido a la tormenta
La lucha de la vida
Secretos

Follow Jen Degenhardt on Facebook, Instagram @<u>jendegenhardt9</u>, and Twitter @JenniferDegenh1 or visit the website, www.puenteslanguage.com to sign up to receive information on new releases and other events.

11173705R00046

Made in the USA
Monee, IL
07 September 2019

LOS TRES AMIGOS

Three teens: one girl, two boys. Two friends to start. Then three. Then two.

As if teenage friendships aren't hard enough...Marissa and Jack have been best friends for as long as they can remember, only having troubles when Jack wasn't always honest about himself. Despite their differences, however, their friendship endures. But, that friendship is challenged when a new student, Julio, moves to town and upsets the longstanding dynamic between Marissa and Jack.

In this level 2 book, which includes aspects of Puerto Rican culture, readers learn useful vocabulary and are introduced to a progression of verb tenses through the easy, uncomplicated plot - uncomplicated, unlike the emotions of the teenagers.

ISBN 9780999347935

90000

9 780999 347935